AF440442

LA
PAIX UNIVERSELLE

OU

L'ÉQUILIBRE EUROPÉEN

Au point de vue des nationalités

PROJET ET BASES ÉLÉMENTAIRES POUR LA FORMATION
D'UNE CONFÉDÉRATION EUROPÉENNE

PAR

L. P. F.

Prix : 50 centimes.

PARIS

Chez l'Auteur, S. SAULAIS, rue Saint-Martin, 112,
et tous les principaux libraires de France et de l'étranger.

1867

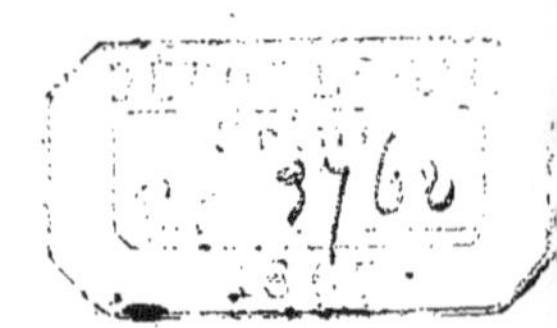

I

PRÉLIMINAIRES

Ce n'est point un esprit étroit de vue patriotique et égoïste d'une renommée personnelle qui nous guide dans la tâche immense que nous nous sommes imposée de réaliser, idéalement du moins, ni un chauvinisme aveugle et outré pour la patrie territoriale qui nous a vu naître, à part tout le respect et le dévouement que nous lui devons comme Français. Mais, à nos yeux, tous les hommes se valent, pourvu qu'ils soient nobles et honnêtes, justes et humains. Qu'importe la dénomination nationale qu'ils se donnent comme sphère locale : Anglais ou Indiens, Français, Russes ou Américains, ce sont partout des hommes égaux entre eux aux yeux de la divine création, et qui doivent l'être devant la loi humaine dans tous les univers où le souffle de Dieu s'est fait sentir.

Nous sommes unionistes d'idée, politiquement parlant ; — la terre est la patrie universelle de l'homme, et, suivant notre opinion, il doit s'y promener sans crainte partout en roi ; pourvu qu'il n'insulte personne ou ne nuise à qui que ce soit de ses semblables sur son passage, — voire même les animaux de toute espèce, inoffensifs envers lui. Tel est le point de vue duquel nous envisageons la liberté, l'ordre public et l'unité universelle des peuples entre eux, et librement accepté par chacun d'eux vis-à-vis des uns et des autres.

La décentralisation de la terre en départements, cantons et communes (1), plaçant chaque peuple sur un même pied d'égalité les uns envers les autres, et permettant à chacun, par le suffrage universel, sans distinction de fortune ni de couleur, de se représenter lui-même au congrès universel, ne rend point impossible la réalisation de notre idéal politique, — si utopiste qu'il paraisse au premier abord.

Mais l'idée du jour est aux nationalités, — c'est-à-dire indépendance unitaire, pleine et entière, des diverses peuplades qui couvrent notre globe terrestre, les unes envers les autres, et nous nous y soumettons avec empressement; nous nous inclinons même et de bonne grâce devant les exigences nationales de la majorité des décisions de nos semblables, en tant qu'ils marchent dans la voie juste et les nobles sentiers de la liberté et de l'égalité individuelle devant la loi.

Donc c'est au point de vue des nationalités que nous prenons la parole, en inscrivant en tête de notre brochure : Suffrage universel pour tous, en tout et partout qu'il s'agira de questions collectives et d'intérêts généraux; liberté absolue et inviolabilité de la conscience et du corps de l'individualité humaine; égalité de tous devant la loi commune à tous, sans distinction de couleur ou de croyances personnelles : la liberté et la loi, inviolables et respectées en tout et partout : — telle nous entendons et acceptons la constitution nationale et universelle de l'humanité.

(1) L'arrondissement, grâce aux chemins de fer, est devenu un embarras plutôt qu'une utilité.

II

NATIONALITÉS & ÉQUILIBRE EUROPÉEN

> La puissance et la vie d'une nation dépendent des goûts et des mœurs unitaires et viriles de la masse compacte des citoyens qui forment son ensemble général, et que rapprochent mutuellement entre eux les mêmes intérêts de communauté politiques et moraux.

Arrivons maintenant aux faits positifs, et prenons l'Europe et ses annexes pour base et point de départ à l'organisation fédéro-nationale et universelle des nations humaines sur notre globe terrestre.

Nous diviserons donc nationalement l'Europe, au point de vue des peuples qui forment son ensemble collectif, par des liens communs entre eux et presque indivisibles d'intérêts pour chacun d'eux, en neuf groupes principaux, qui sont (nous ne faisons que signaler une idée, un point d'appui sur lequel peuvent être jetées les bases politiques d'un juste équilibre de chaque groupe vis-à-vis les uns des autres) :

1° *États Britanniques*. — Angleterre, Écosse et Irlande, avec les possessions étrangères qui en dépendent.

Mais nous faisons des vœux chaleureux en faveur du suffrage universel et de l'égalité devant la loi de tous les individus qui vivent sous le sceptre gouvernemental de ce vaste empire.

2° *États Ibériens*. — Espagne et Portugal, mais indépendants, territorialement, l'un de l'autre, — c'est-à-dire qu'ils seraient administrativement séparés sur leur volonté respective, mais unis politiquement dans leurs intérêts particuliers et généraux, agissant d'accord et sans pression immorale l'un envers l'autre.

3° *États Italiens.* — Italie une et indivisible, des Alpes à l'Adriatique, avec rectification de frontière naturelle avec l'Autriche, et Rome rendue aux Romains.

Le pape, chef suprême du culte spirituel, au Vatican, et Victor-Emmanuel, roi d'Italie, au Quirinal.

4° *États Galliques.* — France, Belgique, Hollande et Suisse; mais chacun de ces divers États respectivement indépendants des uns et des autres comme administration territoriale, mais unis entre eux par un lien politique commun à leurs intérêts réciproques.

La Suisse, telle qu'elle est constituée territorialement présentement; mais la France doit porter ses frontières sur le Rhin, de Strasbourg à Cologne, en partageant le Luxembourg avec la Belgique et cédant Dusseldorf à la Hollande en échange du Luxembourg, — mais avec le libre suffrage et la volonté des annexés.

Tant qu'au delà du Rhin, les frontières prusso-hollandaises peuvent rester telles qu'elles sont délimitées présentement. Mais l'intérêt vital des quatre nations gallo-franques, comme celui de la liberté universelle et de l'équilibre national de l'Europe, dépend de la possession, par ce groupe, des bouches et des rives du Rhin.

La France, enfermée dans ses limites naturelles des Pyrénées et de l'Océan, des Alpes et du Rhin, étant assez forte pour se défendre par elle-même, ses confédérés politiques pourraient rester complétement neutres, eu égard à la France, dans le cas que celle-ci serait attaquée par une puissance du dehors, si leurs intérêts particuliers n'étaient en danger. Mais la France doit sauvegarder et veiller au respect et à l'intégrité territoriale de ses trois alliés politiques indépendants.

5° *États Germaniques*. — 1° Prusse, une et indivisible, après avoir restitué au Danemark, à la France et ses coalliés, et à la Pologne, ce qui est leur droit, avec le titre d'empereur des Allemands pour son roi, si telle est la volonté du peuple ; 2° la Saxe-royale, la Bavière, le Wurtemberg et Bade, comme confédérés allemands, mais indépendants les uns des autres, semblablement à la France et ses alliés fédéraux, si telle est la volonté des quatre princes allemands, les seuls qui doivent rester debout devant l'empire, et les peuples qu'ils gouvernent respectivement : liberté absolue pour les uns comme pour les autres de s'unir entre eux comme bon leur semblera.

6° *États Austro-Slaves*. — Autriche, Hongrie et Pologne. Cette dernière nation, reconstituée dans ses limites de 1772, sauf quelques modifications territoriales avec la Prusse et la Russie. Ces trois puissances seraient liées implicitement ensemble, sous le sceptre impérial et royal d'Autriche, de Hongrie et de Pologne, de l'empereur François-Joseph d'Habsbourg, avec un gouvernement particulier à chacune d'elles, mais unité de défense politique et territoriale entre elles, en cas d'attaque armée du dehors.

7° *États Scandinaves*. — Suède et Norvége unies telles qu'elles le sont aujourd'hui, et Danemark indépendant, mais lié à la Suède et la Norvége par un lien plus étroit que celui de la Belgique et de la Hollande à la France, c'est-à-dire, agissant d'ensemble et forcément tenus les uns envers les autres de défendre respectivement l'intégrité actuelle de la terre scandinave, avec le nord du Sleswig restitué au Danemark ; en un mot, une frontière mieux délimitée que celle que la guerre de 1865 a créée au Danemark.

8° *États Russo-Persiques*. — Russie actuelle, moins la partie polonaise qu'elle possède présentement, mais rétablissement sur le Pruth en Bessarabie, de sa frontière antérieure au traité de Paris et la Perse. Mais ces deux États doivent conserver leur pleine et entière indépendance administrative vis-à-vis l'un de l'autre, mais ils peuvent en tout droit se garantir respectivement, en face de l'étranger, leur intégrité territoriale commune à leurs charges et périls de l'un l'autre.

9° *États Turco-Helléniques.* — Turquie, Égypte, Roumanie et Servie, liées implicitement et collectivement ensemble, sous le sceptre et la suzeraineté du sultan ottoman; indépendants entre eux territorialement, mais forcés d'agir ensemble dans la défense commune de l'intégrité de la confédération unitaire de ces quatre États.

Enfin la Grèce, après avoir élargi son territoire par l'annexion de l'île de Candie et modifié, avec avantage pour elle, sa frontière de Thessalie et de l'Epire, entrerait dans la confédération turco-hellénique, au même titre que le Portugal vis-à-vis de l'Espagne, de la Suisse, la Belgique et la Hollande envers la France, c'est-à-dire que la confédération turco-hellénique est chargée de pourvoir à la défense de la Grèce, attaquée par l'étranger, sans que la Grèce soit tenue forcément de défendre l'intégrité de la confédération, dont elle fait partie comme membre libre et indépendant de toutes charges suzeraines.

Nous faisons donc des vœux chaleureux pour l'adoption immédiate de ce système organique, d'ordre et d'équilibre européen, le seul possible pour la paix présentement.

Union personnelle ou implicite, entre les différentes nationalités qui composent chaque groupe politique, décentralisation de chaque partie territoriale en départements, cantons et communes, en adoptant pour base de gouvernement, le suffrage universel, et la paix et l'ordre, la concorde et l'harmonie dans le travail humanitaire de la civilisation universelle, régneront sous la toiture dorée du palais du souverain, comme sous le toit de chaume du laboureur ou la mansarde de l'artisan.

Chacun chez soi, maître et roi de son individualité personnelle ; mais au dehors, égalité devant la loi. Rois et peuples ont les mêmes intérêts à défendre ici-bas leurs existences respectives, corporelles et morales, contre les éléments destructeurs des puissances occultes du dehors de la sphère humaine.

Nous émettons également le vœu de l'unité des monnaies, des poids et mesures dans toute l'étendue de notre univers terrestre, en un mot, unité commerciale, libre échange du travail de nations à nations sur toute la surface du globe qui nous nourrit de ses fruits, et rois et peuples y trouveront chacun plus de gloire et de satisfactions individuelles de l'âme comme du corps.

Il est également bien entendu que les neuf groupes européens, indiqués comme moyens d'équilibre universel, doivent s'unir étroitement ensemble par des liens humanitaires, non-seulement au point de vue de défense personnelle et commerciale, mais de celui de liberté, d'ordre, de respect et de fraternité réciproques, que souverains et peuples se doivent mutuellement les uns envers les autres.

Nous serions également très-heureux de voir entrer volontairement dans notre confédération européo-universelle les États-Unis d'Amérique, comme dixième groupe, et ainsi toute nation civilisée, libre et humaine.

Voilà une situation, un point de vue idéal d'organisation des nationalités universelles, décrit en théorie, il est vrai, mais dont la mise en pratique est possible ; il ne s'agit que de vouloir, car Dieu et la nature ont donné à l'homme plein pouvoir pour faire le bien.

Nous avons donc le ferme espoir que ce grand enfant de la création qu'on appelle homme, devenant de plus en plus sage et humain en grandissant, acceptera notre idéal politique comme réalité, et dans un très-proche avenir.

Fasse la volonté de Dieu et la sagesse humaine, si leur

puissance peut s'étendre sur cette matière, que la guerre, ces horribles boucheries d'hommes à hommes, disparaissent au plus tôt du regard éploré de tant de pauvres mères de famille, qui ont prodigué tant de soins chéris à cette jeune créature humaine, pour la voir ensuite égorgée sauvagement sur un champ de bataille, pour la satisfaction d'une poignée d'ambitieux aveuglés par un faux jugement d'idées politiques et humaines. Oui la guerre est le pire des fléaux qu'ait à redouter le genre humain : la bêche, la charrue, le marteau, le crayon et le pinceau, et leurs auxiliaires infinis, voilà les seules armes de l'avenir! les seules que doivent connaître les enfants éclairés, de la grande famille universelle du travail futur!..... Espérons-le du moins, et travaillons avec courage et persévérance à la réalisation humanitaire et civilisatrice de cette idée divine et humaine par excellence.

Donc, que des délégués de toutes les nations européennes soient immédiatement convoqués à un congrès général, en prenant pour bases d'équilibre européen, le programme que nous avons tracé ci-dessus, — la paix universelle et le triomphe absolu de l'humanité ne seront acquis qu'à ce prix.

III

CONCLUSION

Un seul groupe, peut-être, aveuglé par une ambition sans limite possible, pourrait se trouver en opposition avec notre idéal d'organisation universelle : c'est le groupe des États germaniques, et en voici la raison que nous nous en faisons :

Le peuple allemand est instruit, laborieux, intelligent même et marchant au progrès civilisateur et libéral de l'individu. Mais en politique étrangère, en action égalitaire en dehors de lui, il est le plus arriéré d'Europe et d'Amérique. Il se croit toujours sous le joug de Barberousse ou d'Henri l'Oiseleur, opprimant les Gaulois, Danois ou Slaves. Pour lui, tout est Allemagne ; il veut être libre chez lui en opprimant son voisin (1), contre tout droit et toutes lois humaines. Mais qu'il y prenne garde, au dehors du cercle de gravitation que nous lui avons assigné plus haut, il n'y a point de salut pour lui. Les Austro-Slaves n'attendent que le moment favorable pour reprendre leur revanche de Sadowa, et la Silésie pourrait bien retourner à la maison des Habsbourg, et le groupe germanique fondu dans les groupes gallo-franc et austro-slave. Pour cela on agrandirait la Hollande, la Bavière, le Danemark, la Saxe royale, la Pologne, la reconstitution d'un royaume de Westphalie et des république hanséatiques, et le reste à

____

(1) Voyez Pannonie et Sleswig-Danemark.

la Prusse. Dix millions au plus d'habitants, englobés dans la confédération austro-slave.

Les diverses autres parties de l'empire allemand passeraient dans celles du Rhin et des Scandinaves. Aussi, le roi de Prusse en particulier, et les directeurs politiques allemands en général, y regarderont-ils à deux fois avant de se mesurer avec la France et la Hollande, qu'ils semblent collectivement menacer en ce moment avec assez de raideur et de peu d'humanité même. Mais les canons se consument, les baïonnettes se brisent, et le droit des gens reste au-dessus de la force brutale de l'oppresseur passager !

Or, qu'ils ne s'y trompent point, 35 millions d'Allemands, enchaînés forcément les uns aux autres par les baïonnettes prussiennes, ne pourront jamais résister à 45 millions de Gallo-Francs, qu'ils trouveront dressés devant eux debout comme une forteresse vivante et invulnérable, à la première étape qu'ils feront contre la France ou la Hollande , unies pour les mêmes intérêts sur les bords du Rhin, et, auxquelles aucun coalition liberticide étrangère ne pourra jamais même entamer les premières lignes de défense. Non ! lorsque le drapeau de la France est déployé et que le peuple qui marche vaillamment à sa suite, uni et compact sous ses ailes flottantes, a dit : Je veux!... D'autre part, les Allemands, pour réaliser l'étendue de leur empire chimérique, peuvent-ils sérieusement compter snr l'appui du Czar et des forces russes, quand une insurection populaire en Pologne, appuyée d'un million de baïonnettes autrichiennes, se dressera debout comme un seul homme vivant, marchant et se mouvant en tous sens devant le czarisme, s'avançant vers l'Allemagne vassale des Teutons, avant-garde des Moscovites ? — Non !...

Les Allemands du nord et du sud, esclaves des rois teutoniques ! sont donc seuls en face de la France et de

la Hollande, qu'ils insultent avec tant d'audace et préten-
dent même enrayer de leurs chaînes, le mouvement sacré
de leur indépendance respective? Oui, ils sont seuls, et
bien seuls avec leurs chimères politiques et d'anticipa-
tion sur le territoire voisin. Or, dans ce cas, le Rhin est
destiné, bon gré, mal gré, entraîné par la force des faits
mêmes qui découlent naturellement des suites de Sadowa,
à devenir frontière gallo-franque, comme en étant une
dictée par la nature et le salut de la liberté nationale de
chaque peuple européen. Nous nous souvenons, nous
peuple français, de la campagne liberticide et altière qui
vint échouer devant les remparts vivants de Valmy!
Nous nous souvenons des massacres inhumains et effrénés
de Waterloo!.....

Donc, pour la sauvegarde à venir des intérêts gallo-francs
sans nuire en quoi que ce soit à ceux des Allemands,
pour le respect du droit des gens, le salut de la liberté
d'action et de l'équilibre des nations européennes, le Rhin
doit être, entre la France et l'Allemagne, la démarcation
territoriale absolue.

Que les allemands en prennent donc sagement et de
bonne grâce leur parti, et qu'ils en tirent le plus de pro-
fits possible pour eux, sans chercher dans le cœur altier
d'une ambition aveugle et irréalisable, des armes fratri-
cides et d'un autre âge, qui feront couler à flots le sang
humain et verser tant de larmes maternelles!...

Quoi qu'il en soit, tout le sang versé sur le Rhin et en
Pologne retombera lourdement sur l'Allemagne, rebelle
aux droits chers et sacrés des peuples, à la libre expres-
sion du suffrage des membres de chaque nation et aux
lois divines et humaines. Prussiens, réfléchissez-y! on
n'étouffe point la volonté d'un peuple libre sous le poids
des baïonnettes liberticides!

Pour le peuple français, marchant d'un pas ferme et

droit vers le bien public et l'affranchissement universel de ses semblables, vouloir est pouvoir !...

Envisageons donc l'avenir sans trouble ni crainte, et marchons avec courage en avant. Notre devise n'est-elle pas : Liberté nationale et individuelle, égalité devant la loi, respect et inviolabilité du droit des gens, au point de vue unitaire comme à celui de l'individualité nationale. Et cet idéal, arme sublime et vraiment humaine, est plus puissant que toutes les armées de baïonnettes réunies de la la terre.

Pour la France, guidée par cet idéal et sublime principe des libertés nationales dues à chaque peuple, la victoire lui est acquise d'avance. Soyons Français en France, Hollandais en Hollande, Prussiens en Prusse, Russes en Russie, etc. Voilà ce que nous demandons pour l'équilibre européen et la paix universelle.

Le signataire responsable,

S. SAULAIS, rue Saint-Martin, 112.

Paris, le 8 mai 1867.

PARIS, IMPRIMERIE GÉNÉRALE DES CHEMINS DE FER. — A. CHAIX ET Cᵉ, RUE BERGÈRE, 20. — 1042